KB124072

싸우지 않고 다투지 않는 인간관계

마음을 열어주는 이해의 힘

싸우지 않고
다투지 않는
인간관계

백미르 지음

다온길

머리말

인간관계는 우리 삶의 질을 결정하는 중요한 요소 중 하나입니다. 특히 직장인에게 있어서는, 보다 효율적이고 조화로운 직장 생활을 위해 더욱 중요한 역할을 합니다. 우리는 종종 업무의 효율성만을 강조하며 인간관계의 중요성을 간과하는 경향이 있습니다. 하지만, 이는 장기적으로 볼 때 개인의 성장, 팀워크의 강화, 그리고 조직의 성공에 있어 필수불가결한 요소입니다.

예를 들어, 한 중견기업의 팀장인 미르는 팀 내에서 끊임없는 갈등과 의사소통 문제로 고민하고 있었습니다. 업무의 효율성이 떨어지고, 팀원들 사이의 불화로 인해 전체적인 분위기가 어둡고 침체하여 있었습니다. 미르는 이 문제를 해결하기 위해 다양한 방법을 시도해 보았지만, 본질적인 인간관계의 개선 없이는 근본적인 해결이 어렵다는 것을 깨달았습니다.

이 책은 바로 그러한 직장인들을 위한 안내서입니다. 갈등의 원인을 이해하고, 소통의 마법을 익히며, 이해와 공감을 통해 서로의 마음을 나누는 방법을 배우게 됩니다. 또한, 관계를 지키는 비결과 경계를 설정하는 방법을 통해 건강한 직장 생활을 유지하는 법을 알아가게 됩니다. 마지막으로, 서로를 응원하며 함께 성장하는 방법을 통해 관계가 어떻게 더욱 풍성해질 수 있는지를 배우게 됩니다.

인간관계의 개선은 하루아침에 이루어지지 않습니다. 하지만 이 책에서 제시하는 단계별 접근 방식을 통해, 당신은 점진적이면서도 확실한 개선을 경험할 수 있을 것입니다. 함께 성장하고, 서로를 이해하며, 갈등을 건강하게 해결하는 방법을 배우면서, 당신의 직장 생활은 물론, 인생 전반에 걸쳐 더욱 풍성하고 의미 있는 변화를 만들어갈 수 있습니다.

이 책은 단지 직장인을 위한 안내서가 아닙니다. 모든 사람이 인간관계를 통해 자신의 삶을 개선하고, 더 나은 자신으로 성장하며, 보다 행복하고 충족된 삶을 살아갈 수 있도록 돕는 귀중한 자원입니다. 인간관계에서 발생하는 문제를 해결하려고 노력하는 것은 우리 삶의 질을 높이는 중요한 단계이며, 그 단계를 밟아가는 데 있어 당신의 든든한 동반자가 될 것입니다.

백미르

차
례

Chapter 3
이해와 공감으로 마음을 나누니, 서로가 더 가까워졌습니다

Chapter 4
관계를 지키는 비결을 알게 되니, 싸운 후에도 더욱 단단해졌습니다

Chapter 5
경계를 설정하니, 서로의 공간을 존중하게 되었습니다

Chapter 6
서로를 응원하며 함께 성장하니, 관계가 더욱 풍성해졌습니다

Chapter 1

갈등의 원인을 알아보니, 일상이 평화로워졌습니다

갈등이 생기는 이유

갈등은 대체로 서로 다른 욕구, 기대, 목표, 가치관 때문에 발생합니다. 인간은 각자 다른 배경과 경험을 가지고 있어서, 때로는 이러한 차이가 부딪힐 때 갈등이 생겨납니다. 이해와 공감의 부재도 중요한 원인 중 하나입니다. 자기 뜻만 고집하고 상대방의 상황을 이해하려 하지 않을 때, 불필요한 오해와 갈등이 발생하기 쉽습니다. 또한, 소통의 부족이나 잘못된 소통 방식도 갈등을 일으키는 주요 요인입니다. 명확하지 않은 표현이나 오해를 부를 수 있는 말투는 상대방을 혼란스럽게 하여 갈등을 증폭시킬 수 있습니다.

갈등 해결의 첫걸음은 자기 인식의 증진입니다. 자신이 어떤 점에서 불편함을 느끼는지, 왜 그런 감정을 느끼는지 스스로 이해하는 것이 중요합니다. 이러한 자기 인식은 갈등 상황을 객관적으로 바라보고 대응하는 데 큰 도움이 됩니다.

◇◇◇

A : 너 때문에 프로젝트가 지연되고 있다는 걸 알아? 네가 기한을 지키
지 않아서 우리가 모두 곤란해지고 있어.

B : 미안, 그런 의도는 아니었어. 하지만 네가 내 아이디어를 전혀 받아
들이지 않아서 진행이 어려웠어. 우리 서로의 입장을 좀 더 이해하
려고 노력해 보자.

A : 그렇구나, 내가 네 입장을 충분히 고려하지 못했나 봐. 앞으로는 네
생각도 더 많이 듣기로 해.

B : 그리고 나도 기한을 지키는 것에 더 신경 쓸게. 우리가 서로 의견을
잘 조율하면 프로젝트를 더 잘 진행할 수 있을 거야.

A : 맞아, 서로 소통하면서 진행하는 게 중요한 것 같아. 앞으로는 주
기적으로 회의를 하면서 상황을 점검해 보자.

B : 그 방법이 좋을 것 같아. 서로의 아이디어를 존중하며, 문제가 생
기면 바로바로 해결해 나가자.

A와 B 사이의 대화는 프로젝트 지연 문제를 해결하기 위한 중요한

싸우지 않고 다투지 않는 인간관계

전환점이 됩니다. 처음에는 서로에 대한 불만과 오해로 인해 갈등이 발생했지만, 이 대화를 통해 서로의 상황을 이해하고 상호 존중의 중요성을 깨닫게 됩니다.

A는 프로젝트가 지연되고 있다며 B에게 책임을 묻습니다. 이에 대해 B는 자기 아이디어가 충분히 인정받지 못해서 작업 진행이 어려웠다고 설명합니다. 이러한 상황 속에서 두 사람은 문제의 본질이 서로의 아이디어와 의견을 제대로 듣고 받아들이지 않는 데 있다는 것을 인식하게 됩니다.

이러한 인식을 바탕으로, A와 B는 갈등을 해결하고 프로젝트를 성공적으로 마무리 짓기 위해 구체적인 방안을 모색합니다. 먼저, 서로의 의견을 존중하고 개방적으로 소통하기로 합의합니다. 이를 위해 정기적인 미팅을 갖기로 하며, 이 미팅에서는 각자의 진행 상황과 아이디어를 공유하고, 발생할 수 있는 문제들을 신속하게 해결하려는 방안을 논의합니다.

또한, 이러한 과정을 통해 서로의 입장을 더 깊이 이해하고, 각자의 역할과 책임을 명확히 함으로써 프로젝트 진행에 있어 더 효율적이고 생산적인 방향으로 나아가기로 합니다. 이는 단순히 프로젝트를 완성하는 것뿐만 아니라, 팀 내에서의 소통과 협력을 강화하고,

팀워크를 발전시키는 데에도 크게 이바지합니다.

결국, 이 대화를 통해 A와 B는 갈등을 넘어서 서로를 더 잘 이해하고 존중하는 관계로 발전하며, 이는 프로젝트 성공의 핵심 요소가 됩니다. 서로의 차이를 인정하고 각자의 강점을 살릴 수 있는 방법을 찾아나가며, 공동의 목표를 향해 나아가게 됩니다.

갈등이 생기는 이유

갈등의 원인	설 명
의사소통의 부재	상대방과 제대로 된 의사소통이 이루어지지 않아 발생하는 오해나 잘못된 정보 전달로 인한 갈등
이해관계의 충돌	개인이나 단체 간의 이해관계가 서로 충돌할 때 발생하는 갈등
가치관의 차이	사람들마다 가지고 있는 가치관이나 신념이 다르기 때문에 발생하는 갈등
역할과 기대의 불일치	개인이나 단체가 서로에게 기대하는 역할이나 책임이 명확하지 않거나, 기대치가 다를 때 발생하는 갈등
자원의 부족	시간, 돈, 인력 등의 자원이 부족하여 발생하는 갈등
성격 차이	개인의 성격이나 행동양식의 차이로 인해 발생하는 갈등

싸우지 않고 다투지 않는 인간관계

갈등이 팀 구성원의 심리적 안녕에 미치는 영향

갈등은 팀 구성원의 심리적 안녕에 상당히 부정적인 영향을 미칠 수 있습니다. 구체적으로, 갈등 상황이 발생하면 팀 구성원들 사이의 의사소통이 단절되고, 이에 따라 불안과 스트레스가 증가하게 됩니다. 갈등이 지속되면 이러한 스트레스와 불안은 팀 구성원들의 일상 생활에 부정적인 영향을 미치며, 이는 결국 업무 성과의 저하로 이어질 수 있습니다.

또한, 갈등은 팀 내부의 신뢰 구축에도 큰 장애가 됩니다. 팀원들 사이의 신뢰가 훼손되면, 그들은 서로에 대한 신뢰를 잃고, 이는 팀의 응집력과 소속감을 약화하는 주요 요인이 됩니다. 신뢰와 소속감의 약화는 팀 구성원들이 자신의 역할에 대해 만족감을 느끼지 못하게 하고, 이는 업무에 대한 열정과 참여도를 감소시키는 결과를 낳습니다.

갈등이 장기화할 경우, 팀 구성원들은 감정적으로 소진될 수 있습니다. 지속적인 갈등 상황은 팀원들을 지치게 하며, 업무에 대한 열정을 잃게 만들고, 때로는 우울감이나 업무에 대한 무관심으로 이어질 수 있습니다. 이러한 감정적 소진은 팀원들의 심리적 안녕에 큰 영향을 미치며, 이는 개인의 건강뿐만 아니라 전체 팀의 분위기와 성과에도 영향을 미칩니다.

그러나 이러한 부정적인 영향에도 불구하고, 갈등이 적절히 관리되고 해결될 경우, 긍정적인 변화를 불러올 수 있습니다. 갈등 해결 과정을 통해 팀 구성원들은 더욱 효과적인 의사소통 방법을 배울 수 있으며, 다양한 관점을 이해하고 존중하는 법을 배울 수 있습니다. 이는 팀 내의 관계를 강화하고, 팀원 개개인의 성장에도 이바지할 수 있습니다. 따라서, 갈등 관리는 팀 구성원의 심리적 안녕을 보호하고 증진하기 위한 중요한 과정입니다.

싸우지 않고 다투지 않는 인간관계

일상 속 작은 싸움들

일상에서 우리는 종종 작은 싸움과 마주하게 됩니다. 이런 싸움은 대개 오해, 기대치 간의 틈, 또는 명확하지 않은 의사소통으로 인해 발생합니다. 이를 이해하고 적절히 대처하는 능력은 우리의 인간관계를 개선하고, 더 안정된 감정 상태를 유지하는 데에 큰 도움이 됩니다.

첫째, 객관적인 관점을 유지하는 것이 중요합니다. 이는 자기 생각과 감정에만 집중하지 않고, 상대방으로서도 상황을 바라볼 수 있는 능력을 의미합니다. 이를 통해, 갈등의 원인을 보다 명확히 이해하고, 상대방의 감정이나 행동의 배경을 고려할 수 있습니다.

둘째, 명확한 의사소통의 중요성을 강조할 수 없습니다. 자신의 감정과 생각을 솔직하게 전달하되, 상대방을 공격적으로 만들지 않는 방식으로 이야기하는 것이 필요합니다. 이는 오해를 줄이고, 서로의 입장을 더 잘 이해할 수 있게 만듭니다.

셋째, 경청은 의사소통의 한 축을 담당합니다. 상대방이 말하는 동안 집중해서 듣고, 그들의 의견을 존중하는 태도는 대화를 더 생산적으로 만들며, 상대방도 자신의 의견이 존중받고 있다고 느끼게 합니다.

넷째, 감정 조절은 갈등 상황에서 필수적인 기술입니다. 화가 나거나 좌절감을 느낄 때, 이를 조절하고 차분하게 대응하는 것은 상황을 악화시키지 않고, 더 건설적인 대화를 가능하게 합니다.

마지막으로, 해결책 모색은 갈등을 해결하는 데에 있어 결정적인 단계입니다. 문제를 해결하기 위한 구체적인 방안을 함께 고민하고, 서로가 수용할 수 있는 해결책을 찾아가는 과정은 갈등을 긍정적으로 해결하는 데 큰 역할을 합니다.

이렇게 일상 속 작은 싸움을 이해하고 대응하는 방법을 배우는 것은 우리가 더 건강한 인간관계를 유지하고, 감정적으로 안정된 삶을 영위하는 데 필수적인 요소가 됩니다.

◇◇◇

A : 요즘 정말 바쁜 일이 많아서, 집안일까지 혼자서 감당하기가 벅차. 정말 힘들어져. 네가 바쁜 건 이해하지만, 조금은 공평하게 분담했으면 좋겠어.

B : 정말 미안해, 내가 너무 자기 일에만 치여 살았나 봐. 네가 모든 집안일을 혼자서 하고 있다는 사실을 제대로 인지하지 못했어. 내가 부주의했던 것 같아.

A : 응, 나도 네가 바쁜 건 알아. 하지만, 우리 함께 일정을 조금 조정해 보면 어떨까? 서로의 부담을 줄이고 집안일도 공평하게 나눠서 할 수 있을 것 같아. 예를 들어, 나는 청소를 맡고 너는 세탁을 담당하는 식으로.

B : 그게 좋겠다, 정말 좋은 생각이야. 그렇게 각자 할 수 있는 일을 분담해서 더 효율적으로 집안일을 관리하자. 그리고 주말에는 함께 대청소를 하면서 서로의 부담도 줄이고 시간도 함께 보낼 수 있겠어.

A : 좋아, 그렇게 하자. 그리고 이런 문제가 다시 생기지 않도록 정기적
으로 서로의 생각을 공유하는 시간을 가지는 것도 중요할 것 같아.
서로의 기대와 부담을 명확하게 이해할 수 있도록 말이야.

B : 맞아, 서로의 생각과 느낌을 정기적으로 공유하는 것이 중요하겠
다. 앞으로는 이런 문제가 생기기 전에 먼저 소통해서 해결할 수
있도록 노력하자. 네가 힘들어하는 걸 보고 싶지 않아.

일상 속 작은 싸움들은 대부분 해결할 수 있는 문제들입니다. 중요
한 것은 각자의 감정을 인정하고, 상대방의 의견에 귀 기울이며, 함께
해결책을 찾아가는 과정입니다. 이 과정에서 서로의 관계를 더 깊게
이해하고 존중하게 되며, 이는 궁극적으로 더 건강하고 강한 인간관계
를 구축하는 데 도움이 됩니다. 감정의 소용돌이 속에서도 서로를 향

싸우지 않고 다투지 않는 인간관계

한 이해와 배려가 중요하며, 이를 통해 일상의 작은 싸움도 긍정적으로 해결해 나갈 수 있습니다.

싸움을 피하는 방법

자기 인식은 우리 일상 속 관계를 더욱 원만하게 만드는 데 큰 역할을 합니다. 자기 내면을 깊이 이해하는 것, 즉 자신이 느끼는 감정이나 생각, 그리고 어떻게 행동하는지를 아는 것을 의미합니다. 이러한 이해를 바탕으로, 우리는 다른 사람과의 상호작용 중에 나타날 수 있는 자신의 반응을 보다 잘 조절할 수 있게 됩니다. 이 과정에서 발생할 수 있는 오해나 갈등을 줄이는 데 도움이 되며, 상대방과의 관계에서 더 긍정적인 방향으로 나아갈 수 있습니다. 결국, 자기 인식은 우리가 타인과 더 잘 소통하고, 갈등을 줄이며, 관계를 강화하는 데 핵심적인 역할을 합니다.

◇◇◇

A : 너 때문에 오늘 일을 망쳤어! 오늘 같은 중요한 날, 이렇게 될 줄은 몰랐어.

B : 잠깐, 나도 지금 정말 화가 나긴 했지만, 이렇게 서로 비난하는 건 상황을 더 악화시킬 뿐인 것 같아. 사실, 내가 정말 말하고 싶은 건, 네가 약속 시간에 늦었을 때 내가 얼마나 소외감을 느꼈는지야. 그 순간이 나에게 얼마나 중요했는지, 그리고 네가 옆에 있어 줬으면 얼마나 큰 힘이 됐을지…. 이런 상황이 다시 생기지 않게, 우리 어떻게 하면 좋을지 함께 생각해 보자.

A : 그래, 내가 시간 약속을 지키지 못한 건 사실이야. 그렇게 중요한 순간에 너를 외롭게 해서 미안해. 사실, 나도 그 순간을 함께하고 싶었어. 앞으로는 이런 일이 없도록 더 잘 소통하자. 내가 늦을 것 같으면 미리 알려줄게.

B : 고마워, 네가 이해해 줘서 정말 다행이야. 서로 소통하는 방법을 찾는 것이 중요하다고 생각해. 앞으로 우리 함께 더 많은 좋은 순간을 만들어 가자.

싸움을 피하는 방법

방 법	설 명
명확한 의사소통	말과 행동을 명확하고 정확하게 표현하여 오해의 여지를 줄입니다.
감정 조절	화가 날 때는 깊게 숨을 쉬고 진정한 뒤 대화를 시도합니다. 이는 충동적인 반응을 피하는 데 도움이 됩니다.
상대방의 입장 이해	상대방의 관점에서 사물을 바라보려고 노력함으로써, 공감능력을 키우고 갈등을 줄일 수 있습니다.
타협의 수용	자신의 요구만을 고집하지 않고 상대방과의 중간 지점을 찾으려고 합니다. 이는 상호 만족할 수 있는 해결책을 찾는 데 도움이 됩니다.
시간을 두고 대화하기	즉각적인 해결이 어려울 때는 시간을 두고 감정이 가라앉을 때까지 기다린 후 대화를 시도합니다.
적절한 시간과 장소 선택	싸움을 피하려면 대화를 위한 적절한 시간과 장소를 선택하는 것이 중요합니다. 분위기가 긴장되거나 바쁜 시간을 피합니다.
비난을 피하고 해결에 집중	상대방을 비난하기보다는 문제 해결에 초점을 맞춥니다. 문제의 원인을 함께 분석하고 해결책을 모색합니다.

자기 인식은 우리가 자기 내면을 깊게 이해하고, 이를 기반으로 관계에서 발생할 수 있는 문제들을 미리 인식하고 대처하는 데 큰 도움을 줍니다. 우리가 자신의 감정과 행동을 잘 이해함으로써, 감정적이고 충동적인 반응을 피하고 상황을 객관적으로 바라볼 수 있게 되며, 이것이 바로 더 건설적이고 의미 있는 대화로 이어질 수 있는 길

입니다. 이러한 접근 방식을 통해, 관계 속에서의 오해와 갈등을 줄이고 서로 간의 이해와 신뢰를 높일 수 있습니다.

먼저, 자신이 느끼는 감정의 본질과 그 원인을 이해하는 것이 중요합니다. 이 과정에서 자신의 감정을 상대방에게 명확하고 정직하게 전달하는 것이 필수입니다. 감정적으로 반응하기 전에 잠시 멈추어 상황을 객관적으로 평가해 보는 시간을 갖는 것도 필요합니다. 이를 통해 우리는 더 합리적이고 생산적인 반응을 할 수 있게 됩니다.

상대방의 상황을 이해하려고 노력하는 것도 중요한 부분입니다. 이는 상호 간의 오해를 줄이고 더 깊은 공감을 형성하는 데 이바지할 수 있습니다. 대화를 시작할 때는 상대방이 방어적이지 않도록 비난을 피하고, '나' 메시지를 사용하여 자신의 감정과 생각을 전달하는 것이 좋습니다.

마지막으로, 갈등을 해결하기 위해 상대방과 공동으로 해결책을 모색하는 과정에서 서로의 의견을 존중하는 태도를 유지하는 것이 중요합니다. 이 과정에서 서로의 상황을 이해하고 존중함으로써, 관계를 개선하고 더욱 강화할 수 있습니다. 이러한 방식으로 자기 인식을 바탕으로 한 접근은 우리가 더 건강하고 긍정적인 인간관계를 구축하는 데 큰 도움이 됩니다.

싸우지 않고 다투지 않는 인간관계

Chapter 2

소통의 마법을 익히니, 관계가 더욱 깊어졌습니다

경청의 중요성과 잘 듣는 방법

경청은 인간관계에서 상대방을 이해하고 존중하는 기본적인 방법입니다. 상대방의 말을 주의 깊게 듣는 것은 그들의 의견과 감정을 소중히 여기며, 소통을 통해 더 깊은 관계를 형성할 수 있는 기반을 마련합니다. 경청은 단순히 말을 듣는 것을 넘어서, 상대방의 말에 집중하고, 그들의 감정을 이해하며, 비판 없이 받아들이는 태도를 포함합니다. 이 과정에서 우리는 상대방의 관점을 더 명확히 이해하고, 그들이 진정으로 전달하고자 하는 메시지를 포착할 수 있습니다. 잘 듣기 위해서는 자기 생각이나 판단을 잠시 접어두고, 상대방의 말에 전적으로 집중하는 연습이 필요합니다.

◇◇◇

A : 요즘 일이 너무 힘들어. 프로젝트 마감도 임박했고, 팀원들과의 의사소통도 잘 안돼. 모두가 너무 바빠서 제대로 된 회의 한 번 못 했어.

B : 정말 힘들어 보여. 프로젝트 때문에 스트레스를 많이 받는 거 같아. 팀원들과 의사소통이 어려운 부분이 구체적으로 어떤 건지 더 자세히 말해 줄 수 있어?

A : 음, 예를 들어, 내가 제안한 아이디어에 대해 팀원들의 피드백을 받기가 어려워. 모두가 바쁘다 보니, 아이디어에 대한 논의가 제대로 이루어지지 않아서 진행이 더뎌.

B : 그렇구나. 피드백을 제대로 받지 못해서 프로젝트 진행에 어려움을 겪고 있는 거군. 혹시 팀원들과 어떤 방식으로 의사소통을 시도했는지 알려줄 수 있어? 이메일, 메신저, 혹은 직접 만나서?

A : 대부분 이메일이나 메신저로 소통. 그런데 그게 문제인 것 같아. 서로 바쁜 틈을 타서 메시지를 보내다 보니, 각자의 생각을 충분히 나누지 못하는 것 같아.

B : 이해했어. 직접적인 소통의 부족으로 인해 서로의 의견을 제대로 이해하지 못하고 있을 수 있겠네. 혹시 짧은 온라인 미팅을 주기적

싸우지 않고 다투지 않는 인간관계

으로 갖는 것은 어떨까? 그렇게 하면 서로의 아이디어와 피드백을 실시간으로 공유하며, 더 효과적으로 소통할 수 있을 것 같아.

A : 그게 좋을 것 같아. 의견을 더 쉽게 나눌 수 있을 거 같아서. 이 아이디어를 팀원들에게 제안해 볼게. 고마워, 네가 들어줘서 많은 도움이 됐어.

경청의 중요성과 잘 듣는 방법

경청의 중요성	잘 듣는 방법
상대방의 이야기를 정확히 이해할 수 있습니다.	직접적인 눈맞춤을 하면서 경청하세요.
신뢰와 친밀감을 구축하는 데 도움이 됩니다.	말을 끊지 않고 상대방이 말을 마칠 때까지 기다리세요.
상대방이 자신의 의견과 감정을 개방적으로 표현하도록 격려합니다.	개방적인 질문을 하여 대화를 이어가세요.
오해를 줄이고 의사소통의 효율성을 높입니다.	공감을 표현하고 상대방의 감정을 이해하려고 노력하세요.
갈등 해결 과정에 긍정적인 영향을 미칩니다.	상대방의 말을 요약하거나 반영하여 이해했음을 보여주세요.
결정 만들기 과정에 있어서 더 나은 결과를 도출할 수 있습니다.	인내심을 가지고 상대방의 말에 집중하세요.
감정적 지원을 제공하고 위로가 될 수 있습니다.	비언어적 신호에도 주의를 기울이세요.

이 대화에서 B는 A의 말을 주의 깊게 듣고, A가 겪고 있는 문제에 공감을 표현합니다. 또한, B는 A에게 더 많은 정보를 공유하도록 격려함으로써, A가 자신의 상황을 더 잘 이해하고 해결책을 찾을 수 있도록 돕습니다. 이처럼 경청은 상대방이 자기 생각과 감정을 표현하는 데 도움을 주며, 문제를 함께 해결해 나가는 과정에서 중요한 역할을 합니다.

경청의 기술

경청의 기술은 상대방과의 의사소통을 향상하고, 관계를 깊게 하는 데 중요한 역할을 합니다. 여기 몇 가지 핵심적인 경청 기술을 소개합니다.

싸우지 않고 다투지 않는 인간관계

1. 비언어적 신호 주기

눈 맞춤, 미소, 고개 끄덕임 등으로 상대방의 말에 관심을 보여주세요. 이러한 비언어적 신호는 상대방이 자신의 이야기를 계속할 수 있도록 격려하는 역할을 합니다.

2. 중단하지 않기

상대방이 말하는 동안 중간에 끼어들거나, 자신의 의견을 강요하지 않도록 주의해야 합니다. 상대방이 모든 생각과 감정을 표현할 수 있도록 충분한 시간을 제공하세요.

3. 활성 반응하기

상대방의 말을 듣고, 그 내용을 자기 말로 요약하거나, 확인 질문을 통해 상대방의 의도를 정확히 이해했는지 확인하세요. 예를 들어, "그래서 당신은 …. 라고 느낀다는 거군요?"와 같은 방식으로 반응할 수 있습니다.

4. 공감 표현하기

상대방의 감정이나 상황에 공감하는 말을 해주세요. 이는 상대방이 자신이 이해받고 있다고 느끼게 해줍니다. 예를 들어, "그 상황이 정말 힘들었겠다"와 같은 공감 표현이 될 수 있습니다.

5. 질문하기

상대방의 이야기에 대해 궁금한 점이나 더 알고 싶은 부분이 있다면, 적절한 질문을 통해 관심을 보여주세요. 이는 대화를 더 깊고 의미 있는 방향으로 이끌 수 있습니다.

6. 주의 집중하기

대화 도중에 주변 환경이나 스마트폰 등에 쉽게 주의가 분산되지 않도록 주의를 집중하세요. 상대방에게 전적으로 집중하는 것이 중요합니다.

7. 자세한 피드백 제공

상대방의 말에 대해 자세하고 구체적인 피드백을 제공하세요. 이는 상대방이 자신의 의견이나 생각이 중요하게 여겨진다고 느끼게 해줍니다.

이러한 경청의 기술들은 연습을 통해 점차 향상될 수 있으며, 일상 생활의 다양한 상황에서 의사소통의 질을 높이는 데 도움이 됩니다.

속마음을 효과적으로 전달하기

속마음을 효과적으로 전달하는 방법을 이해하고 적용함으로써 우리는 소통의 질을 크게 향상할 수 있습니다. 이를 위해 몇 가지 중요한 전략을 살펴보겠습니다.

첫째, 감정의 이름을 붙이는 것입니다. 우리가 경험하는 감정을 정확하게 인식하고, 그 감정을 명확한 언어로 표현하는 것은 소통 과정에서 매우 중요한 역할을 합니다. 이 과정을 통해 우리는 자기 내면을 더 구체적으로 전달할 수 있으며, 이는 상대방이 우리의 진정한 감정을 이해하는 데 큰 도움이 됩니다.

둘째, 구체적인 예시를 사용하는 것입니다. 우리가 경험한 상황이나 감정에 관해 이야기할 때, 구체적인 예시를 들어 설명하는 것은 상대방에게 우리의 입장을 더 명확하게 전달하는 데 효과적입니다. 이는 추상적인 설명보다 훨씬 더 직접적이고 이해하기 쉬운 방법입니다.

셋째, 자신의 요구를 분명히 하는 것입니다. 우리가 원하는 것이나 필요한 것을 명확하게 표현하는 것은 소통에서 중요한 요소입니다. 이를 통해 상대방은 우리가 어떤 도움을 기대하는지, 어떤 행동을 바라는지 이해할 수 있습니다.

넷째, 비난 대신 자신의 느낌을 말하는 것입니다. 대화 중에는 상대방을 비난하거나 공격하는 대신, '나' 메시지를 사용하여 자신이 느끼는 바를 전달하는 것이 중요합니다. 이 방법은 대화가 방어적인 분위기로 변하는 것을 방지하고, 더 건설적인 대화를 가능하게 합니다.

마지막으로, 경청하는 태도를 유지하는 것입니다. 상대방의 말을 진심으로 경청하고 이해하려는 태도는 소통 과정에서 매우 중요합니다. 이는 상호 존중의 분위기를 조성하고, 서로에 대한 이해를 깊게 하여 소통을 원활하게 합니다.

이러한 방법들을 통해 우리는 소통의 질을 향상하고, 더 깊은 이해와 연결을 구축할 수 있습니다.

◇◇◇

A : 네가 어제저녁에 약속을 잊었을 때, 나는 정말 실망했어. 나는 우리가 함께 시간을 보낼 것이라고 기대했었거든. 앞으로는 약속을 좀 더 신중하게 기억해 줬으면 좋겠어.

B : 미안해, 정말 몰랐어. 너와의 약속을 잊어버린 것이 얼마나 실망스러웠을지 생각지도 못했어. 네가 기다렸을 텐데, 정말 미안해.

A : 응, 많이 기다렸었어. 하지만 네가 이해해 준다니 다행이야. 앞으로 이런 일이 없도록 서로 노력하자. 약속은 정말 중요하니까.

B : 알겠어. 앞으로는 약속을 더욱 소중히 여기고, 너와의 시간을 더 중요하게 생각할게. 우리가 함께 시간을 보내는 것은 나에게도 정말 중요해.

A : 고마워. 서로 이해하고 노력한다면, 우리 사이는 더욱 좋아질 거야. 앞으로는 이런 일이 없기를 바라.

B : 물론이야. 너와 함께 시간을 보낼 기회를 놓치고 싶지 않아. 앞으로

는 더 주의 깊게 약속을 지킬게.

위에서 A는 비난 대신 자신의 느낌과 요구를 명확하게 전달했습니다. B는 A의 말을 경청하고 이해를 표현했습니다. 이런 방식의 소통은 양측이 서로의 상황을 이해하고 갈등을 해결하는 데 도움이 됩니다.

긍정적인 언어로 좋은 영향 미치기

긍정적인 언어의 사용은 상대방에게 긍정적인 감정을 전달하고, 상호 존중의 분위기를 조성하여 인간관계를 강화하는 데 중요한 역할을 합니다. 긍정적인 언어는 상대방의 자존감을 높이고, 소통의 문을 넓히며, 갈등의 해결에도 긍정적인 영향을 미칩니다. 이는 또한, 상대방이 우리의 의견에 더 열린 마음을 가지게 하여, 의사소통이 더 효과적이고 생산적으로 이루어질 수 있게 합니다. 긍정적인 언어를 사용함으로써 우리는 더욱 긍정적인 관계를 구축하고, 서로에 대한 이해와 신뢰를 증진할 수 있습니다.

◇◇◇

A : 너 항상 늦어. 정말 짜증 나.

B : 미안, 내가 늦는 거 너무 자주 반복되는 거 같아.

A : 응, 그래서 내가 좀 화가 나기도 해. 하지만 네가 시간에 맞춰 왔을 때 정말 기분이 좋아. 우리 시간을 소중히 여기자.

B : 맞아, 내가 시간 약속을 지키는 건 정말 중요해. 앞으로는 더 주의할게.

A : 고마워. 서로의 시간을 존중하는 건 우리 관계에도 좋은 영향을 줄 거야.

긍정적 언어의 사용은 대인관계에서 매우 중요한 역할을 합니다. 언어는 단순히 생각을 전달하는 수단을 넘어서, 우리의 감정과 태도를 반영하며, 상대방에게 큰 영향을 끼칩니다. 긍정적 언어를 사용하는 것은 상대방과의 관계에서 긍정적인 분위기를 조성하고, 서로에 대한 존중과 이해를 높이는 데 이바지합니다.

1. 상대방의 행동을 비판하지 않고 기분을 표현하기

자신의 감정을 솔직하게, 그러나 긍정적인 방식으로 표현하는 것은 상대방이 자신을 방어적으로 만들지 않게 하며, 대화를 더욱 생산적으로 이끌 수 있습니다. 예를 들어, "너 때문에 화가 나"라고 말하는 대신, "이런 상황이 되면 속상해"라고 표현할 수 있습니다. 이는 상대방이 공격받는 느낌을 받지 않게 하며, 문제 해결에 더 열린 자세를 가질 수 있게 합니다.

2. 긍정적인 표현으로 기대를 전달하기

상대방에게 기대하는 바를 긍정적인 방식으로 표현하면, 불필요한 오해를 줄이고, 서로의 관계를 강화할 수 있습니다. 예를 들어, "네가 늦으면 난 항상 기다려야 해" 대신, "함께 시간을 보낼 때 네가 정시에 도착하면 정말 기쁠 것 같아"라고 말하는 것이 더 긍정적인 영향을 미칩니다.

3. 긍정적인 언어의 적극적 활용

일상 대화뿐만 아니라, 모든 의사소통에서 긍정적인 언어를 적극적으로 활용함으로써, 더욱 건강하고 행복한 관계를 구축할 수 있습니다. 긍정적인 언어는 상대방에게 긍정적인 감정을 전달하고, 좋은 에너지를 주며, 서로 사이의 신뢰와 이해를 깊게 합니다.

긍정적 언어의 사용은 상호 존중과 이해를 바탕으로 한 건강한 대인 관계를 구축하는 데 중요한 역할을 합니다. 이를 통해 우리는 더욱 행복하고 만족스러운 인간관계를 경험할 수 있습니다.

Chapter 3

이해와 공감으로 마음을 나누니,
서로가 더 가까워졌습니다

서로 다름 이해하기

인간관계에서 서로의 개성과 배경이 다름을 이해하는 것은 필수적입니다. 이 다양성을 이해하고 존중하는 것은 관계를 강화하고 발전시키는 데 중요한 역할을 합니다. 서로 다른 시각을 인정하고 받아들임으로써, 관계 속에서 오해를 줄일 수 있습니다. 이 과정에서, 상대방의 관점을 들여다보려는 노력이 필요합니다. 상대방과 다름을 축하하고, 그 차이에서 배우며 성장하는 것이 인간관계에서 매우 중요합니다. 이러한 이해는 더 깊은 인간관계를 구축하는 데 이바지하며, 우리가 서로를 더 잘 이해하고 존중하게 만듭니다. 결국, 서로의 다름을 인정하고 받아들이는 것은 관계의 성장과 발전을 위한 기초가 됩니다.

◇ ◇ ◇

A : 내가 항상 궁금했던 건데, 넌 어떻게 그렇게 결정을 빨리 내려? 나는 결정하기 전에 신중하게 여러 번 생각하는 편이라서.

B : 아, 그거야. 나는 일단 상황을 빨리 파악하고, 그에 따라 바로 결정을 내리는 편이야. 물론 실수할 때도 있지만, 빠른 결정이 때로는 필요하더라고. 하지만 네가 신중하게 생각하는 방식도 정말 중요하다고 생각해. 서로 다른 방식이 장단점을 가지고 있으니까.

A : 그렇구나. 네 설명을 들으니, 네가 왜 그렇게 행동하는지 이해가 가네. 나도 가끔은 너처럼 빨리 결정을 내려야 할 때가 있는 것 같아. 우리가 서로의 차이점을 이해하고 받아들이면, 서로에게서 배울 점이 많을 것 같아.

B : 맞아, 나도 네가 신중하게 결정을 내리는 모습을 보면서 많이 배우고 있어. 우리의 다름이 서로에게 좋은 영향을 줄 수 있다는 게 정말 멋진 것 같아. 서로의 방식을 존중하면서 함께 성장해 나가자.

서로의 다름을 이해하고 받아들이는 것은 인간관계를 발전시키는 핵심 요소입니다. 이해의 첫걸음은 상대방의 관점에서 상황을 바라보려는 노력에서 시작됩니다. 이러한 시도를 통해 우리는 상대의 행동 뒤에 숨겨진 동기와 생각을 이해할 수 있게 됩니다. 또한, 우리 자신과 상대방의 가치관이 서로 다를 수 있음을 인정하는 것이 중요합니다. 이 다름을 존중하고 받아들임으로써, 우리는 새로운 관점을 배우고, 개인적으로도 성장할 수 있습니다.

상대방과의 적극적인 소통은 서로의 생각과 감정을 공유하는 데 필수적입니다. 이 과정을 통해, 우리는 오해를 줄이고 서로를 더 깊게 이해할 수 있습니다. 소통은 또한 관계에서의 신뢰를 쌓고, 연결감을 강화하는 데 도움을 줍니다. 서로의 다름을 인식하고, 그 차이를 긍정적으로 받아들이는 태도는 관계를 더욱 풍요롭고 의미 있게 만듭니다.

결국, 서로의 다름을 이해하고 수용하는 것은 관계를 강화하고, 서로 간의 연결을 깊게 하는 데 중요한 역할을 합니다. 이러한 이해는 우리가 서로에게 더 개방적이고 수용적으로 될 수 있게 하며, 다양성을 축하하고 포용하는 더 나은 사회로 나아가는 데 이바지합니다.

서로의 다름을 이해하는 방법

방법	설명
개방적인 대화	서로의 생각과 감정을 솔직하게 공유하고, 상대방의 이야기를 경청함으로써 상호 이해를 증진시킵니다.
다양성 존중	개인의 배경, 문화, 성향 등 다양성을 인정하고 존중함으로써 서로의 차이를 긍정적으로 받아들입니다.
공감 능력 향상	상대방의 입장에서 생각해보고, 그들의 감정을 이해하려고 노력함으로써 감정적 연결을 강화합니다.
비판적 사고	자신의 가치관과 생각을 비판적으로 분석하고, 상대방의 관점을 이해하려고 노력함으로써 더 넓은 시각을 갖습니다.
경험 공유	서로의 경험과 배경에 대해 이야기하고, 다른 사람의 삶을 이해하려고 노력함으로써 서로에 대한 이해를 심화시킵니다.
문화적 차이 인식	상대방의 문화적 배경과 가치를 인식하고 이해함으로써 문화적 차이에서 오는 오해를 줄입니다.
가치관과 신념에 대한 탐구	서로의 가치관과 신념을 탐구하고 공유함으로써 상호 존중의 기반을 마련합니다.
비판 대신 질문하기	이해가 안 가거나 동의하기 어려운 부분에 대해 비판하기보다 질문을 통해 상대방의 관점을 더 깊에 이해하려고 합니다.

싸우지 않고 다투지 않는 인간관계

공감의 기술

공감은 타인의 감정이나 생각을 이해하고 공유하는 능력을 말합니다. 이는 인간관계에서 매우 중요한 역할을 하며, 상대방이 존중받고 이해받는다고 느끼게 해 줍니다. 공감의 기술을 통해, 우리는 더 깊은 수준의 소통과 관계 개선을 이룰 수 있습니다.

1. 경청하기

경청은 상대방의 말에 집중하며 그들이 전달하고자 하는 감정과 생각을 이해하는 과정입니다. 이 과정에서 우리는 상대의 말뿐만 아니라 그 말을 통해 전달되는 감정의 뉘앙스까지 포착할 수 있습니다. 이를 통해 상대방이 진정으로 무엇을 느끼고, 어떤 생각을 하고 있는지에 대한 깊은 이해를 얻게 됩니다. 경청은 단순히 듣는 행위를 넘어서, 상대방에게 진심으로 관심을 갖고 그들의 입장을 이해하려는 적극적인 태도를 필요로 합니다. 이러한 경청은 상호간의 신뢰를 구축하고, 더 깊은 관계로 발전하는 기반이 됩니다.

2. 비언어적 소통 이해하기

얼굴 표정이나 몸짓 같은 비언어적 신호를 통해 이루어집니다. 이러한 신호들은 상대방의 말 이상의 감정 상태와 의도를 이해하는 데 도움을 줍니다. 이 비언어적 신호에 주의를 기울임으로써 우리는 상대방과의 소통에서 더 깊은 이해를 얻을 수 있습니다.

3. 반영적 청취

상대방의 말을 듣고, 그 내용을 자신의 말로 요약하여 되돌려주는 과정입니다. 이 방식은 상대방이 자신의 말이 정확히 이해되었다고 느끼게 해줍니다. 이를 통해 소통하는 양쪽 모두에게 명확성과 신뢰감을 제공합니다.

4. 감정 이입하기

상대방의 입장에서 상황을 바라보고 그들이 느끼는 감정을 이해하려는 노력을 말합니다. 이 과정을 통해 우리는 상대방의 감정을 더 깊이 공감하고 이해할 수 있게 됩니다. 감정 이입은 단순히 상황을 관찰하는 것을 넘어서, 그들이 겪고 있는 경험을 마음속으로 체험해 보는 것을 포함합니다. 이러한 과정은 상대방과의 관계를 강화시키고 더 깊은 연결감을 형성하는 데 도움이 됩니다. 결국, 감정 이입은 우리가 타인과 더 긴밀하게 소통하고 서로를 이해하는 데 필수적인 요소입니다.

5. 진심으로 대응하기

상대방의 감정이나 생각에 공감할 때, 그 반응은 진심어린 마음에서 비롯되어야 합니다. 진정성 있는 대응은 상대방이 진정으로 이해받고 있다고 느끼게 합니다. 이러한 진심어린 응답은 상대방에게 위로와 지지를 제공하며, 공감적인 대화를 통해 관계를 더욱 돈독히 합니다. 결국, 진심으로 대응하는 것은 서로 간의 신뢰와 연결을 강화하는 핵심 요소입니다.

상대 마음 어루만지기

공감은 상대방과의 관계를 강화하고, 서로간의 이해를 깊게 하는 데 필수적인 요소입니다. 상대방의 감정과 생각을 이해하고 그에 공감함으로써, 우리는 더 강력한 연결고리를 형성할 수 있습니다. 공감은 누군가를 위로하고 지지하는 가장 효과적인 방법 중 하나이며, 갈등을 해소하고 관계를 회복하는 데에도 중요한 역할을 합니다. 공감을 통해 우리는 타인의 경험을 자신의 것으로 받아들이고, 그들의 입장에서 생각해 볼 수 있습니다. 따라서, 공감능력은 인간관계에서 매우 중요한 기술 중 하나입니다.

◇◇◇

A : 요즘 일이 너무 힘들어. 압박감이 크고, 어디에도 마음 편히 말할

곳이 없어.

B : 그랬구나, 정말 힘들겠다. 압박감을 느끼고 마음 편히 이야기할 곳
이 없는 상황이라니, 참 답답하겠어. 너의 마음을 조금이라도 덜어
줄 수 있는 방법이 있을까?

A : 그냥 누군가 내 말을 들어주는 것만으로도 큰 도움이 돼.

B : 그렇구나, 그럼 언제든지 내게 마음 편히 이야기해. 내가 여기 있을
게. 그리고 만약 더 도움이 필요하다면, 같이 해결 방안을 모색해
보자.

A : 고마워, 정말. 단순히 네가 옆에 있다는 사실만으로도 마음이 좀
더 편안해지는 것 같아.

이 대화에서 B는 A의 감정과 상황에 공감하며, A가 겪고 있는 어
려움을 이해하려고 노력합니다. B의 반응은 A에게 위로와 지지를 제
공하며, 이러한 공감적인 대화는 둘 사이의 신뢰를 쌓고 관계를 강화
합니다.

공감은 다른 사람의 감정을 이해하고 그들의 상황에 함께 공감함
으로써, 인간관계의 깊이와 품질을 높일 수 있는 강력한 도구입니다.

이는 상대방이 자신의 감정을 안전하게 표현할 수 있는 환경을 조성하며, 서로간의 신뢰와 연결감을 증진시킵니다. 공감은 단순히 상대방의 말을 듣는 것 이상으로, 그들의 감정과 생각을 진심으로 이해하고 공유하는 것을 의미합니다. 이 과정에서 우리는 더욱 성숙한 인간관계를 형성하고, 서로에 대한 이해와 존중을 심화시킬 수 있습니다.

인간관계 기술

인간관계 기술은 사람들과 효과적으로 소통하고, 긍정적인 관계를 구축하며, 갈등을 해결하고, 협력을 촉진하기 위한 능력을 말합니다. 이러한 기술은 일터, 가정, 사회적 상황 등 인생의 모든 영역에서 중요합니다. 인간관계 기술에는 여러 가지가 있지만, 가장 핵심적인 몇 가지를 소개하겠습니다.

싸우지 않고 다투지 않는 인간관계

1. 소통 능력

자신의 생각과 의견을 명확하게 전달하는 것뿐만 아니라, 상대방의 말을 주의 깊게 듣는 능력을 의미합니다. 이는 대화에서 중요한 요소이며, 상호 이해와 관계 형성에 기여합니다. 또한, 비언어적 소통 능력을 포함해, 상대방의 몸짓이나 표정을 해석할 수 있는 능력도 중요합니다. 이러한 능력은 효과적인 소통을 위해 필수적입니다.

2. 공감 능력

다른 사람의 감정이나 경험을 그들의 관점에서 이해하고 공유하는 능력입니다. 이는 관계에서 신뢰와 깊은 연결을 형성하는 데 도움을 줍니다. 공감을 통해 우리는 타인의 감정을 인식할 뿐만 아니라 그들의 경험을 존중하고 가치 있게 여기는 것을 보여줍니다. 이 능력은 의미 있고 배려 깊은 관계를 만드는 데 필수적입니다.

3. 갈등 해결 능력

갈등 상황에서 양측 모두에게 긍정적이고 건설적인 해결책을 찾는 능력을 말합니다. 이를 통해 상호 수용 가능한 합의에 도달할 수 있습니다. 이 과정에서 의견 차이를 존중하고, 상대방의 입장을 이해하려는 노력이 필요합니다. 갈등 해결 능력은 관계를 강화하고, 협력을 증진하는 데 중요한 역할을 합니다.

4. 적응성

다양한 사람들과 상황에 효과적으로 적응하고, 유연하게 대처하는 능력을 말합니다. 이 능력은 변화하는 환경 속에서도 관계를 원활하게 유지하고 문제를 해결하는 데 중요합니다. 적응성이 높은 사람은 빠르게 변화하는 상황에도 긍정적으로 대응하며, 이를 통해 관계를 강화시킬 수 있습니다. 따라서 적응성은 개인의 성공뿐만 아니라, 팀워크와 협력에도 크게 기여합니다.

5. 팀워크와 협력 능력

다양한 사람들과 함께 일하며 공통의 목표를 달성하기 위해 노력하는 능력을 말합니다. 이 능력을 통해 개인은 자신의 기술과 노력을 팀의 성공을 위해 결합시킬 수 있습니다. 효과적인 팀워크와 협력은 목표 달성은 물론 조직 내의 긍정적인 분위기 조성에도 기여합니다. 이는 개인과 집단 모두에게 이익이 되는 중요한 자질입니다.

싸우지 않고 다투지 않는 인간관계

인간관계 기술은 타고나기도 하지만, 경험과 학습을 통해 발전시킬 수 있습니다. 이러한 기술을 개발하고 적용함으로써, 우리는 보다 풍부하고 만족스러운 인간관계를 구축할 수 있습니다.

감정의 메시지 읽기

감정을 이해하는 것은 인간관계에서 핵심적인 능력 중 하나입니다. 감정은 단순한 느낌을 넘어서 우리의 욕구와 필요, 그리고 때때로 우리가 직면한 문제들을 표현합니다. 타인의 감정을 정확히 파악하고 이를 이해할 수 있는 능력은 서로에 대한 깊은 이해를 바탕으로 한 공감적인 대화를 가능하게 합니다. 이러한 공감적 소통은 관계를 더욱 깊고 가치 있는 것으로 만들어 줍니다. 감정의 본질을 이해함으로써, 우리는 타인의 말과 행동 뒤에 숨겨진 진정한 메시지를 읽을 수 있게 됩니다. 결국, 이는 더 건강하고 의미 있는 인간관계를 구축하는 데 필수적인 열쇠가 됩니다.

싸우지 않고 다투지 않는 인간관계

◇◇◇

A : 최근에 일이 너무 힘들어. 야근도 많고, 프로젝트 마감일이 다가오고 있어.

B : 정말 힘들어 보이는구나. 구체적으로 어떤 부분이 가장 힘들어? 프로젝트 내용이야, 아니면 야근 때문이야?

A : 둘 다인 것 같아. 프로젝트 내용도 복잡하고, 야근까지 겹쳐서 체력적으로도, 정신적으로도 지쳐.

B : 정말 어려운 상황이네. 이럴 때 힘들어도 너 자신을 돌보는 시간을 가지는 게 중요해. 혹시 도움이 될 만한 건 없을까?

A : 사실 도움을 요청할 사람이 많지 않아서⋯ 네가 이렇게 들어줘서 벌써 마음이 좀 가벼워진 것 같아.

B : 언제든지 힘들 때 이야기해. 같이 해결 방법을 찾아보자. 너 혼자만의 문제가 아니야.

이 대화에서 B는 A의 감정적 상태를 인정하고 구체적인 문제에 관해 물어봄으로써 공감을 표현하고 있습니다. 이는 A가 자신의 감정과 상황을 더 자세히 탐색하도록 돕는 동시에, B가 A의 필요와 욕구를 더 잘 이해할 수 있게 합니다.

감정 뒤에 숨은 의미를 이해하고 효과적으로 소통하는 것은 인간관계에서 매우 중요한 역량 중 하나입니다. 이를 위한 기본 단계는 다음과 같습니다.

1. 감정 인식

대화 중 상대의 감정을 파악하는 기본 단계입니다. 이 과정에서 상대방의 목소리 톤, 표정, 그리고 몸짓 같은 비언어적인 신호들을 주의 깊게 관찰합니다. 이러한 신호들은 상대방이 현재 어떤 감정을 느

싸우지 않고 다투지 않는 인간관계

끼고 있는지를 나타내는 중요한 단서가 됩니다. 따라서, 이를 통해 상대방의 감정 상태를 정확히 인식하는 것이 중요합니다. 이는 효과적인 의사소통의 첫걸음이며, 상대방과의 관계를 더 깊게 이해하는 데 이바지합니다.

2. 공감적 반응

상대방의 감정을 정확히 인식한 뒤, 그 감정에 공감하고 이를 반영하는 태도를 보여주는 것을 말합니다. 이 과정은 상대방이 자신이 이해받고 있음을 느끼게 함으로써, 신뢰를 구축하고 대화의 문을 더욱 활짝 열 수 있습니다. 공감은 단순히 상대방의 말을 듣는 것을 넘어, 그들의 감정을 내 것으로 받아들이고 이를 표현하는 것을 포함합니다. 이러한 공감적 반응은 대화 상대가 더 많은 것을 공유하도록 격려하며, 궁극적으로 더 깊고 의미 있는 관계로 발전시킬 수 있습니다.

3. 명확한 의사소통

상대방의 감정과 그 뒤에 숨겨진 의미를 파악하기 위해 중요합니다. 이를 위해선, 상대방의 생각과 필요를 직접적이고 명확하게 묻는 말이 필요합니다. 이 과정에서 상대방은 자신의 감정과 요구를 더 자유롭게 표현할 수 있게 됩니다. 명확한 질문은 오해를 줄이고, 서로의 의도를 정확히 이해하는 데 도움을 줍니다. 따라서 효과적인 의사소통을 위해서는 상대방에게 명확하고 이해하기 쉬운 방식으로 질문하는 것이 중요합니다.

4. 비판적 듣기

상대방의 말에 깊이 집중하며, 그들이 전달하고자 하는 숨은 의미나 감정을 파악하는 과정입니다. 이를 위해 사전의 가정이나 개인적 판단을 일단 제쳐두고 오직 말하는 사람의 관점에서 이해하려는 노력이 필요합니다. 비판적 듣기는 상대방의 의견을 정확히 이해하고, 의사소통의 오해를 줄이는 데 중요한 역할을 합니다. 이 과정은 대화에서 심층적인 이해를 가능하게 하며, 서로의 관계를 더욱 강화할 수 있습니다. 따라서, 상대방의 말에 진정으로 귀 기울이고 그 의미를 파악하는 것이 중요합니다.

5. 적극적 지원

상대방의 감정과 그 뒤에 숨은 의미를 이해한 후, 그들이 자신의

싸우지 않고 다투지 않는 인간관계

문제를 해결하거나 감정을 관리할 수 있도록 적절한 도움이나 해결책을 제공하는 것을 말합니다. 이 과정은 상대방에 대한 공감과 이해를 보여주며, 신뢰와 연결감을 강화합니다. 단순히 듣는 것을 넘어서 상대방을 위한 의미 있는 행동으로 나아가는 것이 중요합니다. 따라서, 적극적 지원은 효과적인 의사소통의 핵심 요소로, 더 강하고 지지적인 관계를 가능하게 합니다.

Chapter 4

관계를 지키는 비결을 알게 되니, 싸운 후에도 더욱 단단해졌습니다

싸운 후 화해하는 방법

싸운 후 화해하는 과정은 단순히 갈등을 해결하는 것을 넘어서, 관계를 더욱 견고하게 만드는 중요한 기회가 될 수 있습니다. 이 과정에서 가장 중요한 것은 상대방의 상황을 이해하려는 노력입니다. 각자의 시각에서만 문제를 바라보는 것이 아니라, 상대방이 왜 그런 반응을 보였는지, 그 배경에는 어떤 감정이 작용하고 있는지를 이해하려고 노력해야 합니다. 이는 갈등의 근본 원인을 파악하고, 재발 방지에도 큰 도움이 됩니다.

또한, 자기 잘못을 인정하고 이에 대해 겸손하게 사과하는 태도는 화해 과정에서 매우 중요합니다. 자기 행동이 상대방에게 어떤 영향을 미쳤는지를 인정하고, 이에 따라 상대방이 받은 상처에 대해 진심으로 사과하는 것은 신뢰를 회복하고 관계를 강화하는 데 필수적인 요소입니다.

상대방의 감정을 존중하는 것도 무엇보다 중요합니다. 상대방이 느끼는 감정을 경시하거나 무시하지 않고, 그 감정을 이해하고 받아들이려는 태도는 상대방으로 하여금 자신이 소중히 여겨지고 있음을 느끼게 합니다. 이는 서로 간의 신뢰와 친밀감을 높이는 데 큰 역할을 합니다.

마지막으로, 같은 상황이 재발하지 않도록 어떻게 대처할지에 대한 구체적인 계획을 세우는 것은 매우 중요합니다. 이는 단순히 사과를 넘어서, 실질적인 변화와 성장을 위한 약속이 됩니다. 앞으로 비슷한 상황에서 어떻게 서로의 감정을 존중하고, 효과적으로 소통할 수 있을지에 대한 논의는 관계를 더욱 견고하게 만들고, 서로를 더 깊이 이해하는 데 도움이 됩니다.

이렇게 싸움 후 화해하는 과정을 통해, 관계는 더욱 성숙하고 단단해질 수 있으며, 이는 결국 서로에 대한 이해와 존중, 그리고 사랑을 깊게 하는 기회가 됩니다.

◇◇◇

A : 어제 싸움 때 내가 너에게 너무 심한 말 한 것 같아. 정말 미안해. 그때

내 감정이 격해져서 너에게 상처를 준 것 같아서 후회돼.

B : 그래, 어제 말이 좀 많이 아팠어. 하지만 네가 이렇게 직접 사과하는 걸

보니 마음이 좀 풀려. 네가 미안해하는 마음이 전해져.

A : 정말 다행이야. 앞으로는 이런 일이 반복되지 않도록 둘 다 노력해 보

자. 상대방을 더 배려하고, 우리 사이의 의사소통을 더 중요시하자.

B : 맞아, 서로의 말에 귀 기울이는 것부터 시작해 보자. 그리고 서로의 처

지에서 생각해보는 연습도 필요할 것 같아.

A : 좋은 생각이야. 서로의 감정을 이해하려고 노력하면서, 앞으로 비슷한

상황이 생겼을 때 어떻게 대처할지도 함께 생각해 보자.

B : 그래, 서로에 대한 이해와 존중이 더 깊어질 수 있도록 해보자. 이런 어

려운 상황도 함께 극복해 나가면서 우리 관계가 더 단단해질 거라 믿어.

이렇게 화해 과정에서는 상대방에 대한 이해와 존중, 진심 어린 사과가 중요합니다. 또한, 이러한 상황을 미래에 어떻게 방지할지에 대한 구체적인 대화를 통해 서로의 관계를 더욱 견고하게 다질 수 있습니다.

싸운 후 화해하는 방법

단 계	방 법
시간을 갖기	감정이 가라앉을 시간을 갖고, 상대방도 생각을 정리할 수 있는 시간을 줍니다.
자기 반성	싸움의 원인이 무엇이었는지, 자신의 행동이 어떻게 상황에 영향을 미쳤는지 생각해봅니다.
대화의 문을 열기	화해의 의사를 표현하고, 상대방과 대화할 준비가 되었다는 것을 알립니다.
솔직하게 의견 나누기	자신의 감정과 생각을 솔직하게 표현하고, 상대방의 이야기도 경청합니다.
상대방의 입장 이해하기	상대방의 감정과 입장을 이해하려고 노력합니다.
사과하기	잘못을 인정하고 진심으로 사과합니다.
해결책 모색	문제를 해결하기 위한 구체적인 방안을 함께 모색합니다.
용서하기	상대방을 용서하고, 자신도 용서를 구합니다.
관계 개선에 대한 약속	앞으로 비슷한 문제가 발생하지 않도록, 관계를 개선하기 위한 노력을 약속합니다.
긍정적인 마무리	대화를 긍정적으로 마무리하고, 서로에 대한 사랑이나 존중의 마음을 재확인합니다.

싸우지 않고 다투지 않는 인간관계

오해를 풀고 관계 회복하기

오해를 해결하는 과정은 관계를 복원하는 첫 단계로 매우 중요합니다. 상대방이 무엇을 말하려고 하는지 진심으로 귀 기울이는 태도가 필수적입니다. 이를 위해선 자신의 관점에만 얽매이지 않고 상대의 시점에서 문제를 바라보려는 유연성이 요구됩니다. 각자가 가진 생각과 감정을 솔직하게 나누는 대화는 오해를 풀어가는 데 큰 역할을 합니다. 이 과정에서 서로의 다름을 인식하고 이를 수용하는 것은 관계를 한층 더 단단히 다집니다. 결국, 오해를 풀기 위한 과정은 서로를 더 깊이 이해하고 존중하는 기회가 됩니다. 오해를 넘어서면서 관계는 더욱 성숙하고 견고해질 수 있습니다.

◇◇◇

A : 너가 그렇게 말했을 때, 정말로 나를 무시하는 걸로 느꼈어.

B : 그런 의도는 전혀 없었어. 네가 그렇게 느낀 것이라면 정말 미안해. 나는 단지….

A : 그래, 나도 네 의도를 잘못 이해했나봐. 네가 정말 그렇게 생각하지 않았다면, 나도 오해했던 것 같아.

B : 정말 다행이야. 나는 우리 사이에 오해가 생기는 걸 원치 않아. 앞으로는 더 명확하게 표현할게.

A : 고마워. 나도 너의 말을 너무 성급하게 해석하지 않으려고 노력할게.

B : 우리 이런 대화를 통해 서로를 더 잘 이해할 수 있게 되어서 기쁘다. 앞으로도 솔직하게 터놓고 이야기하자.

A : 그래, 서로에 대해 더 많이 알아가는 것도 좋을 것 같아. 앞으로 더 좋은 관계를 위해 함께 노력하자.

이 대화에서 A는 자신의 오해를 솔직하게 표현하고, B는 그 오해가 발생한 원인을 이해하려 노력합니다. B는 또한 자신의 진짜 의도를 설명함으로써 오해를 해소하려 합니다.

오해를 푸는 방법과 관계를 회복하는 방법

단계	설명	실행 방법
1단계	상대방의 이야기 진정으로 듣기	집중해서 상대방의 말에 귀 기울이기 중단하지 않고 말을 끝까지 듣기
2단계	상대방의 시각에서 상황 바라보기	자신의 입장만 고집하지 않기 상대방의 입장에서 상황을 이해하려고 노력하기
3단계	솔직한 대화를 통한 생각과 느낌 공유	자신의 진정한 생각과 느낌을 솔직하게 표현하기 상대방의 생각과 느낌에 대해 열린 마음을 가지기
4단계	서로의 차이 인정하고 받아들이기	서로 다름을 인정하고 존중하기 차이를 긍정적인 관계 발전의 기회로 활용하기
5단계	향후 소통 방식 개선 약속	더 명확하게 소통하기 위한 방법 모색 오해를 방지하기 위한 구체적인 약속하기

오해를 푸는 과정에서는 상대방의 말에 귀 기울이고, 자신의 감정을 정확하게 표현하는 것이 중요합니다. 이 과정에서 각자의 입장에서만 생각하는 것이 아니라, 상대방의 입장에서도 생각해 보는 것이 필요합니다. 이를 통해 상대방의 의도와 감정을 더 잘 이해할 수 있습니다. 오해를 풀기 위한 대화는 때로는 민감하고 어려울 수 있으나, 이 과정을 통해 서로에 대한 이해도가 높아지고, 관계가 더욱 깊어질 수 있습니다. 오해를 푸는 것은 시간과 노력이 필요하지만, 이를 통해 더 견고하고 신뢰할 수 있는 관계를 만들 수 있습니다.

함께 어려움 극복하기

관계의 탄력성은 어려움이나 갈등을 함께 해결하고 그로 인해 더욱 강해지는 능력을 뜻합니다. 이를 발전시키려면, 우선 서로의 감정을 인정하고 이해해야 합니다. 문제를 해결하기 위해 서로의 의견을 존중하며 원인 분석과 해결 방안을 공동으로 모색하는 것이 중요합니다. 이러한 과정을 통해 상호 신뢰가 쌓이고, 관계는 더욱 견고해집니다. 또한, 공동으로 어려움을 극복하는 경험은 미래의 도전에 대한 자신감을 키워주며, 이는 관계의 탄력성을 강화하는 데 이바지합니다. 이로써, 관계는 어떤 상황에서도 유연하게 대응하고 성장할 수 있는 토대를 마련하게 됩니다.

◇◇◇

A : 최근에 일 때문에 스트레스받아서 집중도 잘 안 되고 있어. 너는 괜찮아?

B : 나도 비슷해. 스트레스가 만만치 않아. 그래도 우리 같이 이 상황을 극복해 보자고.

A : 그래, 서로 얘기를 들어주고, 가끔은 산책 같은 것도 함께 하면서 스트레스를 풀어보는 건 어때?

B : 좋은 생각이야. 그리고 우리 서로의 성취를 인정하고 격려해 주는 것도 잊지 말자. 우리가 함께라면 어떤 일도 이겨낼 수 있어.

　관계의 탄력성을 높이는 것은 단순히 문제를 해결하는 것 이상의 의미를 가집니다. 이는 관계를 더욱 깊고, 의미 있는 수준으로 발전시킬 기회를 제공합니다. 서로에 대한 이해와 공감이 깊어짐으로써, 관계는 더욱 강하고 유연해집니다. 이 과정에서 중요한 것은 소통의 질을 높이고, 서로의 감정과 생각을 존중하는 태도를 유지하는 것입니다. 관계에서 탄력성은 개인의 성장에도 긍정적인 영향을 미치며, 삶의 질을 향상합니다.

어려움을 함께 극복하는 방법

전략	예시
공감적 경청	동료가 프로젝트에서 겪는 어려움을 들어주고, 그의 감정을 이해하려 노력함.
명확한 목표 설정	프로젝트 마감일을 2주 앞둔 상황에서, 일주일 내로 해결해야 할 구체적인 과제를 목록화하여 팀원들과 공유함.
역할 분담 및 협력	한 팀원이 시장 조사에 능숙하고, 다른 팀원은 프레젠테이션 제작에 뛰어나므로, 각자의 장점을 살려 업무를 분담함.
긍정적 태도 유지	프로젝트 중 발생한 문제에 대해, "우리는 이것도 해낼 수 있어!"라며 팀원들을 격려하고 긍정적인 분위기를 조성함.
적극적인 소통 및 피드백 교환	매주 정기 회의를 통해 프로젝트 진행 상황을 공유하고, 문제가 발생했을 때는 즉시 온라인으로 피드백 세션을 가짐.
유연성 및 적응성	예상치 못한 상황으로 프로젝트 일정에 차질이 생겼을 때, 일정을 재조정하고 우선순위를 변경하여 계획을 수정함.
자원 활용 및 지원 요청	특정 기술적 문제를 해결하기 위해 외부 전문가의 도움을 요청하거나, 추가 자원을 확보하기 위해 상부에 지원을 요청함.

갈등 해결 기술

갈등 해결 기술은 사람들이 갈등 상황을 효과적으로 관리하고 해결할 방법과 전략을 포함합니다. 이러한 기술을 통해 개인이나 단체는 더 나은 관계를 구축하고, 생산성을 높이며, 긍정적인 변화를 만들어낼 수 있습니다. 다음은 갈등 해결을 위한 핵심 기술과 전략입니다.

1. 효과적인 의사소통

갈등을 해결하는 데 필수적인 요소입니다. 이는 상대방의 관점을 이해하려는 노력과 함께 자기 생각과 감정을 명확하고 정직하게 전달하는 것을 포함합니다. 의사소통 과정에서는 말과 비언어적 신호를 통해 의도를 분명히 하는 것이 중요합니다. 이를 통해 오해를 줄이고, 상대방과의 신뢰를 구축할 수 있습니다.

2. 경청

상대방의 말을 주의 깊게 듣는 것은 그들의 관점과 감정을 이해하는 데 필수적입니다. 이 과정에서 상대방이 존중받고 있다고 느끼게 함으로써, 갈등 상황에서 긍정적인 분위기를 조성할 수 있습니다. 경청을 통해, 오해를 줄이고 상호 이해를 증진할 수 있습니다. 결국, 경청은 갈등 해결을 위한 소통의 다리를 놓는 역할을 합니다.

3. 공감 능력

상대방의 감정과 입장에 공감하면, 그들이 진정으로 이해받고 있다고 느끼게 할 수 있습니다. 이러한 공감적 접근은 신뢰를 구축하며, 갈등 상황에서도 더 긍정적인 관계를 유지하게 돕습니다. 공감을 통해 상호 존중의 분위기를 조성하며, 이는 갈등 해결 과정을 더욱 원활하게 만듭니다. 결국, 공감은 갈등을 해결하고 관계를 강화하는 데 필수적인 요소입니다.

4. 문제 해결

갈등의 근본 원인을 파악하고, 창의적이며 협력적인 해결책을 찾는 것이 중요합니다. 이 과정에서 다양한 관점을 수용할 수 있는 유연한 사고와 개방적인 태도가 필요합니다. 이를 통해 모두가 만족할 수 있는 혁신적인 해결책을 개발할 수 있으며, 이는 상호 유익한 결과로 이어집니다.

5. 협상

갈등 해결 과정에서 양측 모두가 수용할 수 있는 해결책을 찾기 위한 중요한 접근 방식입니다. 이 과정에서는 상대방의 요구사항과 우선순위를 정확히 이해하는 것이 필수적입니다. 또한, 서로의 관점에서 타협점을 찾기 위한 능력이 중요하게 작용합니다.

6. 중재와 조정

때로는 갈등을 해결하기 위해 제3자의 도움이 필요할 수 있으며, 중재자나 조정자가 이 역할을 할 수 있습니다. 이들은 객관적인 입장에서 양측을 도와 갈등을 해결할 수 있는 방안을 찾습니다. 이 과정에서 중재자나 조정자는 공평하고 객관적인 해결책을 제시하여 갈등을 원만하게 해결할 수 있도록 돕습니다.

7. 자기 인식

자신의 감정과 행동이 갈등에 어떤 영향을 미치는지 이해하는 것이 필요합니다. 이를 통해, 갈등 상황에서 자신의 반응을 더 잘 조절하고, 더욱 건설적인 방식으로 문제에 접근할 수 있습니다. 자기 인식은 개인이 자기 행동을 객관적으로 평가하고 조정하는 데 도움을 줍니다.

갈등 해결 기술을 통해 개인은 갈등 상황을 긍정적인 기회로 전환하고, 관계를 개선하며, 상호 이해와 협력을 증진할 수 있습니다.

싸우지 않고 다투지 않는 인간관계

Chapter 5

경계를 설정하니,
서로의 공간을 존중하게 되었습니다

개인 공간 존중하기

건강한 경계 설정은 자신과 타인의 정서적 건강을 보호하는 데 필수적입니다. 개인의 공간과 감정을 존중하는 경계를 설정함으로써, 상호 존중과 이해를 바탕으로 한 관계를 유지할 수 있습니다. 이 과정에서는 자신의 필요와 한계를 명확하게 인식하고, 이를 타인에게 적절히 전달하는 능력이 요구됩니다. 타인의 경계를 인정하고 존중하는 것 또한 중요하며, 이는 건강한 인간관계를 위한 상호 작용의 기반이 됩니다.

◇◇◇

A : 저기, 저녁때 잠깐 얘기 좀 할 수 있을까?

B : 어, 무슨 일이야?

A : 그때 방에 들어오기 전에 노크해 줄 수 있을까? 조금 더 사생활을 존중받고 싶어서 말이야.

B : 아, 그랬구나. 미안해. 앞으로는 꼭 노크하고 들어갈게. 네 개인 공간을 존중해야 한다는 걸 생각 못 했네.

A : 고마워, 이해해 줘서. 서로의 공간을 존중하면서 지내자.

개인의 공간을 존중하는 방법

방 법	설 명
명확한 경계 설정	개인의 공간과 한계에 대해 명확하게 소통하여 상호 존중의 기반을 마련합니다.
물리적 공간 존중	개인의 사적인 공간에 무단으로 들어가지 않고, 필요시 허락을 구합니다.
개인 시간 존중	개인의 시간을 중요하게 여기고, 불필요한 방해를 삼가합니다.
의견과 선택 존중	개인의 의견과 선택을 존중하며, 강요하지 않습니다.
개인 정보 보호	개인의 정보를 무단으로 공유하거나 퍼트리지 않으며, 개인정보 보호를 중시합니다.

건강한 경계 설정은 개인의 욕구와 한계를 명확히 보여주는 것으로, 이를 통해 자기 자신과 타인을 존중하는 방법을 배울 수 있습니다. 자신의 감정과 필요를 솔직하게 전달하면서 동시에 타인의 경계

싸우지 않고 다투지 않는 인간관계

를 인식하고 존중하는 것이 중요합니다. 이러한 상호 존중은 관계에서의 신뢰와 안정감을 증진하며, 각자의 독립성을 유지하면서도 긴밀한 관계를 유지할 수 있도록 합니다. 경계 설정을 통해 우리는 자신과 타인을 더욱 깊이 이해하고, 건강한 관계를 발전시킬 수 있는 기술을 개발할 수 있습니다.

경계선 설정 기술

경계선 설정은 개인의 정서적, 신체적, 그리고 정신적 공간을 보호하고 존중하는 데 중요한 기술입니다. 이는 자신과 다른 사람들과의 관계에서 건강하고 균형 잡힌 상호 작용을 유지하는 데 도움이 됩니다. 여기에는 몇 가지 중요한 점들이 포함됩니다.

1. 명확한 의사소통

자신의 경계를 명확하고 단호하게 표현하는 것이 중요합니다. 이는 오해를 방지하고 다른 사람이 귀하의 한계를 이해하고 존중하도록 돕습니다.

2. 일관성

일관된 경계 설정은 타인이 당신의 기대치를 명확하게 파악하게 만듭니다. 이는 상호간의 예측 가능성을 높이고, 적절한 반응을 유도합니다. 반면, 일관성이 결여된 경계는 관계 내에서 혼란과 불안을 야기할 수 있습니다. 따라서, 건강한 관계 유지를 위해서는 경계의 일관성이 중요합니다.

3. 타협의 수용

타협은 관계에서 필요한 부분일 수 있으며, 서로의 차이를 조율하는 방법 중 하나입니다. 그러나 타협을 할 때는 자신의 기본적인 가치관과 개인적인 한계를 지키는 것이 중요합니다. 이는 관계 속에서 자신을 존중하고 상대방도 존중하는 균형을 맞추는데 도움을 줍니다. 타협이라는 과정은 양측 모두에게 긍정적인 결과를 가져다 줄 수 있어야 합니다.

4. 노No라고 말하기

"아니오"라고 말하는 능력은 자신의 한계를 지키고 자신의 의지를 표현하는 데 중요합니다. 원하지 않거나 한계를 넘는 요구에 대해 단호하게 거절할 수 있어야 합니다. 이는 자신의 가치와 시간을 존중하는 행위입니다. 따라서, 필요한 경우에는 단호하게 "아니오"라고 말하는 것이 중요합니다.

경계선 설정은 개인의 자율성을 증진하고, 스트레스를 줄이며, 갈등을 예방하는 데 도움이 됩니다. 또한, 이는 건강하고 상호 존중하는 인간관계를 구축하는 데 필수적인 요소입니다.

상대방 입장에서 생각하기

존중을 기반으로 한 대화법은 인간관계에서 매우 중요한 역할을 합니다. 이 방식은 상대방의 의견을 경청하고, 그들의 감정을 이해하며, 서로 간의 차이를 존중하는 것을 핵심으로 합니다. 이러한 접근법은 상호 간의 공감 능력을 키우고, 상대방의 처지에서 생각해 보게 만들어, 불필요한 오해를 줄이고 서로 간의 긍정적인 관계를 구축하는 데 큰 도움이 됩니다.

상대방과의 대화에서는 상대방의 말을 중간에 끊지 않고 끝까지 경청하는 것이 중요합니다. 이는 상대방에게 자신의 의견과 감정이 소중하게 여겨진다고 느끼게 하며, 대화 과정에서 서로의 존중을 실천하는 방법의 하나입니다. 또한, 자신의 의견을 표현할 때는 "나는 ~라고 느낍니다" 또는 "내 경험에 따르면 ~한 것 같아요"와 같이 자

싸우지 않고 다투지 않는 인간관계

신의 감정이나 생각을 중심으로 이야기하기가 좋습니다. 이는 대화를 개인적인 공격이 아닌, 각자의 관점과 느낌을 공유하는 과정으로 만들어, 대화 상대방이 방어적으로 되는 것을 방지합니다.

이와 같은 대화법을 통해, 사람들은 서로를 더 깊이 이해하게 되고, 갈등의 해결이 쉬워집니다.

◇◇◇

A : 최근에 너무 바빠서 스트레스를 많이 받는 것 같아.

B : 정말 힘들겠다. 구체적으로 어떤 부분이 가장 스트레스야?

A : 일의 양이 많아서 밤늦게까지 일해야 해. 그리고 새로운 프로젝트 준비도 해야 하고. 시간이 너무 부족해.

B : 그런 상황이라면 정말 스트레스받을 만해. 일의 부담을 줄일 방법을 같이 생각해 볼까?

A : 그랬으면 좋겠어. 아무래도 혼자서는 해결책을 찾기 어려운 것 같아.

B : 이해해. 우선은 일의 우선순위를 정리해 보는 건 어떨까? 가장 중요한 일부터 차근차근 처리해 나가면 조금은 부담이 줄어들 수도 있을 거야.

A : 좋은 생각이야. 우선순위에 따라 일을 정리해 보는 건, 지금 상황에서 꽤 도움이 될 것 같아.

B : 그리고 너무 힘들 때는 짧은 휴식도 중요해. 몸과 마음에 조금의 여유를 주는 거지. 함께 방법을 찾아보자.

A : 정말 고마워. 네가 이렇게 들어주고 조언해 줘서 힘이 나는 것 같아.

이 대화에서 B는 A의 말을 경청하고, 공감을 표현하며, 더 깊이 이해하고자 구체적인 질문을 합니다. 이런 방식으로 B는 A의 처지에서 생각하고 A의 감정을 존중하는 태도를 보여줍니다.

존중 기반 대화법은 상대방의 말을 경청하고, 의견 차이를 인정하며, 각자의 처지에서 생각을 공유하는 과정입니다. 이러한 대화법은 상호 이해와 신뢰를 증진하며, 갈등 해결에도 긍정적인 영향을 미칩니다. 대화 중에는 비판보다는 공감과 이해를 우선시하고, 상대방의 말에 대해 반응할 때는 비난이 아닌 관심과 지지를 표현하는 것이 중요합니다. 또한, 자신의 감정과 생각을 솔직하게 표현하되, 상대방의 입장을 고려하는 태도를 유지하는 것이 필수적입니다. 이런 방식으로 소통하면, 서로의 차이를 존중하고 이해하면서 건강한 인간관계를 발전시킬 수 있습니다.

상대방의 입장에서 생각하는 방법

방 법	설 명
경청하기	상대방의 말을 주의 깊게 들어 그들의 생각과 감정을 이해합니다.
질문하기	상대방의 관점을 더 잘 이해하기 위해 구체적인 질문을 합니다.
감정 이입하기	상대방이 처한 상황에서 그들이 느낄 수 있는 감정을 상상해 봅니다.
편견 배제하기	자신의 사전 편견이나 가정을 배제하고 상대방의 말에 집중합니다.
상황 바꾸어 생각하기	자신이 상대방의 위치에 있었다면 어떻게 느꼈을지 생각해 봅니다.

긍정적인 대화 기법

긍정적인 대화 기법은 상호 존중과 이해를 바탕으로 건강한 의사소통을 촉진하는 방법입니다. 이러한 기법은 개인 간의 관계를 강화하고, 갈등을 줄이며, 긍정적인 분위기를 조성하는 데 중요한 역할을 합니다. 긍정적인 대화 기법에는 여러 가지 요소가 포함되며, 이를 통한 효과적인 의사소통을 위해 다음과 같은 점들을 고려할 수 있습니다.

1. 경청하기

대화 상대의 말을 주의 깊게 듣고, 그들의 감정과 의견을 이해하려는 노력을 기울이는 것이 중요합니다. 이는 상대방이 존중받고 있다고 느끼게 하여 긍정적인 대화 분위기를 조성합니다.

2. 긍정적인 언어 사용하기

비난이나 부정적인 표현 대신, 긍정적이고 격려하는 언어를 사용하여 대화를 진행하는 것이 중요합니다. 예를 들어, '하지 마' 대신 '해보자'와 같이 긍정적인 제안하기가 좋습니다.

3. 개방적인 자세 유지하기

다양한 관점과 의견을 수용하고, 자기 생각을 개방적으로 공유하는 태도는 긍정적인 대화를 위한 기반이 됩니다. 이는 서로의 차이를 인정하고 존중하는 데 도움이 됩니다.

4. 감정을 표현하기

자신의 감정과 생각을 솔직하고 적절하게 표현하는 것도 중요합니다. 이때 '나는' 문장을 사용하여 자신의 감정을 중심으로 이야기하는 것이 상대방을 비난하는 것을 방지하고, 감정적인 공감대를 형성하는 데 유용합니다.

5. 감사 표현하기

대화 중에 상대방의 노력이나 기여를 인정하고 감사를 표현하는 것은 긍정적인 관계를 구축하는 데 매우 중요합니다. 이는 상호 존중과 긍정적인 분위기를 더욱 강화합니다.

긍정적인 대화 기법을 사용함으로써, 서로에 대한 이해와 신뢰를 높이고, 갈등을 건강하게 해결하며, 더 긍정적이고 지지적인 관계를 발전시킬 수 있습니다.

자신의 한계 명확히 하기

상대방의 요구를 적절히 수용하면서도 개인의 한계를 명확히 설정하는 기술은 인간관계에서 중요한 역할을 합니다. 이 기술을 통해 서로의 요구와 기대를 이해하고 존중하면서도, 자신의 건강과 행복을 지킬 수 있습니다. 이를 위해, 첫째, 상대방의 요구를 경청하고 이해를 표시합니다. 둘째, 자기 능력과 상황을 고려하여 어떤 요구는 수용할 수 있으나 일부는 한계가 있음을 솔직하게 표현합니다. 셋째, 대안을 제시하거나 협상을 통해 양측이 만족할 수 있는 해결책을 찾습니다. 넷째, 이 과정에서 사용하는 언어는 긍정적이고 존중하는 태도를 유지합니다. 마지막으로, 합의에 도달했다면 그 실행 계획을 명확히 합니다.

싸우지 않고 다투지 않는 인간관계

◇◇◇

A : 이번 주 안에 이 프로젝트를 마무리 지어야 해. 시간이 촉박해서, 정말 네 도움이 절실히 필요한 상황이야. 이 프로젝트의 성공은 우리 둘에 게 매우 중요하니까. 네가 함께해 줄 수 있다면, 우리는 분명 좋은 결과 를 낼 수 있을 거야.

B : 아, 이번 주는 다른 일정으로 참 바쁘네. 회의도 많고, 몇 가지 중요한 마감일도 있어서 시간을 내기가 쉽지 않아. 그래도 네가 그렇게 말한 다면, 무언가 방법을 찾아보지 않을 수 없겠네. 목요일 오후에는 다른 일정이 없어서, 그 시간을 활용해 네 프로젝트를 도울 수 있을 것 같 아. 그때 도와주는 건 어때?

A : 오, 정말? 목요일이라도 시간을 내서 도와줄 수 있다니, 그것만으로도 정말 큰 도움이 될 거 같아. 정말 고마워. 네 덕분에 이 프로젝트를 제 시간 안에 잘 마무리할 수 있을 것 같아. 너의 도움으로 우리는 분명히 좋은 성과를 낼 수 있을 거야. 정말, 너에게 큰 빚을 지는 것 같아.

상대방의 요구에 대해 적절히 대응하며 자신의 한계를 명확히 설 정하는 기술은 상호 존중의 기반 위에서 건강한 관계를 유지하는 데 필수적입니다. 이를 위해서는 우선, 상대방의 요구를 정확히 이해하고, 자신이 수용할 수 있는 부분과 어려운 부분을 구분해야 합니다. 자신의 한계를 솔직하게 표현하되, 상대방을 배려하는 태도를 잃지 않는 것이 중요합니다. 또한, 가능한 대안을 제안하며, 양측이 만족할 수 있는 해결책을 찾기 위해 노력해야 합니다. 이 과정에서는 명확하고 긍정적인 커뮤니케이션 기술을 활용하여 서로에 대한 이해와 신뢰를 증진하는 것이 중요합니다.

싸우지 않고 다투지 않는 인간관계

Chapter 6

서로를 응원하며 함께 성장하니,
관계가 더욱 풍성해졌습니다

서로의 성장 지지하기

서로의 성장을 지원하는 관계는 단순히 개인의 발전을 넘어서 관계의 깊이와 품질을 한층 더 높여줍니다. 이를 위해 몇 가지 방법을 실천해 보세요.

첫째, 상대방의 목표와 꿈에 대한 깊은 관심과 지지를 표현하는 것이 중요합니다. 이러한 관심은 상대방이 자신의 길을 걷는 데 큰 힘이 됩니다.

둘째, 상대방이 성취를 이루었을 때, 마치 자신의 성공인 것처럼 진심으로 기뻐하고 격려해 주세요. 이는 상대방에게 긍정적인 에너지를 전달하고, 더 큰 도전을 위한 동기를 부여합니다.

셋째, 상대방이 어려움을 겪고 있을 때는 공감하는 마음으로 듣고, 함께 해결책을 찾는 것이 중요합니다. 이 과정에서 서로의 신뢰가 더욱 깊어지며, 문제를 함께 해결하는 경험은 더 큰 성장으로 이어집니다.

넷째, 서로의 경험과 지식을 공유하며 배우는 시간을 가지세요. 이를 통해 각자의 시야를 넓히고, 새로운 관점을 얻을 수 있습니다.

마지막으로, 정기적으로 서로의 발전 상황을 확인하며 서로를 독려하고 동기부여를 유발하세요. 이러한 지속적인 관심과 지지는 서로의 성장을 촉진하고, 궁극적으로 더욱 풍부하고 의미 있는 관계를 만드는 데 이바지합니다.

이러한 접근 방식은 서로에게 긍정적인 영향을 미치며, 함께 성장하고 발전하는 관계를 구축하는 데 도움이 됩니다.

◇◇◇

A : 요즘 어떻게 지내? 최근에 시작한 사업 이야기 들었어. 진행 상황

이 어떻게 되고 있어?

B : 아, 말이 나와서 하는데, 사실 아직 시작 단계라서 꽤 힘든 부분이 많아. 하지만 네가 지난번에 조언해 준 덕분에 몇 가지 문제를 해결할 수 있었어. 그래서 조금씩이라도 발전하고 있는 것 같아.

A : 정말 다행이다. 내가 도움이 된 것 같아서 기쁘네. 혹시 또 도울 수 있는 부분이 있으면 언제든지 말해줘. 네 사업이 잘되는 걸 보고 싶어. 네 꿈을 이루는데, 내가 조금이라도 보탬이 되고 싶어.

B : 정말 고마워, 진심으로. 사실 앞으로 어떻게 해야 할지 고민이 많은데, 너와 같이 이야기하면서 고민을 나눌 수 있어서 정말 든든해. 네가 있어서 힘이 나.

A : 언제든지, 친구야. 우리 함께 고민을 풀어보자. 네가 성공할 수 있도록 내가 할 수 있는 모든 지원을 아끼지 않을게. 우리 함께 네 꿈을 향해 나아가 보자고.

B : 너의 지지가 있어서 정말 든든하다니까. 이런 친구가 있다는 게 얼마나 큰 행운인지 모르겠어. 앞으로도 많이 의지할게. 고마워.

서로의 성장을 지지하는 관계는 개인의 자아실현에 긍정적인 영향을 미칩니다. 이 과정에서 중요한 것은 비판보다는 격려와 지지를 통해 상대방의 자신감을 높여주는 것입니다. 또한, 서로의 다양한 경험에서 배울 점을 찾아, 함께 성장하는 기회로 삼는 것이 중요합니다. 이러한 상호작용은 관계 속에서 서로를 더 깊게 이해하고, 강력한 유대감을 형성하는 데 이바지합니다.

서로의 성장을 지지하는 방법

방 법	설 명
공감 표현	상대방의 노력과 성장 과정에 공감하고 이를 긍정적으로 인정해 줍니다.
격려와 칭찬	작은 성공이라도 인정하고 칭찬함으로써 상대방의 자신감을 높여줍니다.
개인의 공간 존중	상대방이 자기계발에 집중할 수 있는 시간과 공간을 제공합니다.
목표 설정 지원	상대방이 목표를 설정하고 이를 달성할 수 있도록 돕습니다.
자원 공유	자신이 가진 정보, 지식, 경험 등을 공유하여 상대방의 성장을 지원합니다.
건설적 피드백 제공	상대방이 더 나아질 수 있도록 건설적인 피드백을 제공합니다.
함께 배우기	서로의 관심사나 목표에 대해 함께 배우며 성장하는 경험을 공유합니다.
갈등 해결 지원	성장 과정에서 발생할 수 있는 갈등을 함께 해결하며 서로를 지지합니다.
미래 계획 공유	장기적인 목표나 꿈에 대해 이야기하며 서로를 격려하고 지지합니다.
정서적 지지 제공	성장 과정에서 겪는 어려움에 대해 정서적 지지를 제공합니다.

　　　　　　　　　　　싸우지 않고 다투지 않는 인간관계

목표 공유 및 지지

목표 공유 및 지지는 개인과 집단의 성장에 있어 매우 중요한 역할을 합니다. 이는 서로의 목표와 꿈을 이해하고, 그 실현을 위해 함께 노력하는 과정을 포함합니다. 이러한 과정은 다음과 같은 방식으로 이루어집니다.

1. 공감과 이해

타인의 목표를 듣고 중요성을 인식하는 데에서 시작합니다. 이 과정은 상대방의 관점에서 그들의 목표를 바라보는 데에 공감 능력이 필수적입니다. 타인의 처지를 이해하고 그들의 목표에 공감함으로써, 우리는 더 깊은 관계를 형성할 수 있습니다. 이러한 접근은 상호 이해와 존중의 기반을 마련합니다.

2. 목표 설정의 공유

서로의 목표를 분명히 공유하는 것은 공동의 방향으로 나아가기 위한 기반을 제공합니다. 이 과정을 통해 서로의 의도와 바람을 이해할 수 있습니다. 목표 공유는 상호 의지를 확인하고 서로를 지지하는 중요한 단계입니다. 이러한 상호작용은 팀워크와 협력을 강화하는 데 이바지합니다.

3. 자원과 지식의 공유

공통적이거나 서로 다른 목표를 가지고 있을 때, 필요한 지식과 자원의 공유는 목표 달성에 큰 도움이 됩니다. 이 과정은 서로에게 실질적인 지원을 제공합니다. 지식과 자원을 공유함으로써, 서로의 성장을 촉진할 수 있습니다. 이러한 상호작용은 개인과 팀 모두의 발전을 가속합니다.

4. 격려와 동기부여

목표를 향해 나아가는 과정에서 격려와 긍정적인 피드백은 매우 중요한 동기부여 수단입니다. 작은 성공을 함께 축하하고, 실패 시에는 격려함으로써 계속해서 앞으로 나아갈 수 있는 용기와 힘을 줍니다. 이러한 과정은 도전에 직면했을 때도 목표에 대한 헌신을 유지하도록 돕습니다.

싸우지 않고 다투지 않는 인간관계

5. 정기적인 진행 상황의 점검

목표를 향한 진행 상황을 정기적으로 점검하는 것은 매우 중요합니다. 이 과정에서 필요한 조언을 주고받고, 전략을 조정하는 것이 포함됩니다. 이러한 활동은 목표 달성을 위한 지속적인 지원과 관심을 나타냅니다. 서로의 성장을 위해 꾸준히 관심을 갖고 도와주는 것이 중요합니다.

목표 공유 및 지지는 단순히 성공을 향한 길만을 함께하는 것이 아니라, 과정에서 발생하는 어려움과 도전을 함께 극복해 나가는 데에도 큰 도움이 됩니다. 이는 서로 간의 신뢰와 유대를 강화하며, 더욱 의미 있고 풍부한 관계를 구축하는 데 이바지합니다.

긍정적 영향 주고받기

인간관계에서 서로 배우고 가르치는 과정은 상호 존중과 이해를 기반으로 합니다. 이 과정은 개인의 성장과 더불어 관계의 발전을 이끌어내는 중요한 열쇠입니다.

첫 번째 단계로, 경청과 공감이 있습니다. 상대방의 말을 진심으로 듣고, 그들의 감정과 생각을 이해하려는 노력은 깊은 관계를 형성하는 데 필수적입니다. 이를 통해, 우리는 서로의 경험과 지식을 공유하며 서로에게 긍정적인 영향을 줄 수 있습니다.

두 번째로, 긍정적인 피드백의 중요성입니다. 상대방의 성공과 노력을 인정하고 긍정적인 피드백을 제공함으로써, 우리는 상대방이 자

싸우지 않고 다투지 않는 인간관계

신감을 갖고 성장하도록 돕습니다. 이러한 긍정적인 강화는 서로를 격려하고 지지하는 환경을 조성합니다.

세 번째는 개방적인 태도를 가지는 것입니다. 새로운 아이디어와 접근 방식에 열린 마음을 가짐으로써, 우리는 서로로부터 배우고 가르칠 수 있는 기회를 확장합니다. 이는 창의적인 해결책을 찾고, 서로의 시야를 넓힐 수 있는 기회를 제공합니다.

네 번째로, 공유와 협력의 가치입니다. 자신의 지식과 경험을 공유하고 공동의 목표를 향해 협력함으로써, 우리는 서로를 강화하고 긍정적인 변화를 이끌어낼 수 있습니다. 이 과정에서 서로의 다양성과 차이를 존중하는 것이 중요합니다.

마지막으로, 갈등 해결입니다. 갈등은 모든 관계에서 피할 수 없는 부분이지만, 이를 건설적으로 해결하는 방법을 배우는 것은 관계를 더욱 강화시키고 서로에게 깊은 배움을 제공합니다. 갈등 해결 과정에서 소통의 중요성을 인식하고, 서로의 입장을 이해하려는 노력이 필요합니다.

◇◇◇

A : 요즘 프로젝트 준비로 정말 바쁘고 스트레스도 많이 받았어. 넌 보통 스트레스 상황에서 어떻게 해결해?

B : 음, 나는 주로 요가랑 명상으로 스트레스를 푸는 편이야. 그런데 말이야, 지난번에 네가 한 프레젠테이션 정말 멋있었어. 어떻게 그렇게 완벽하게 준비한 거야?

A : 정말? 고마워, 사실 그거 준비하면서 정말 많이 연습했어. 네가 요가와 명상을 한다니까, 나도 관심이 생겼어. 혹시 같이 한번 해볼래?

B : 물론이지, 좋아. 요가와 명상이 처음이라면 기본적인 자세부터 천천히 알려줄게. 스트레스 관리에 정말 도움이 될 거야.

A : 그래? 정말 기대돼. 언제 시작할 수 있을까?

B : 이번 주말 어때? 시간 괜찮으면 내가 좋아하는 스튜디오로 데려가 줄 수 있어. 요가 후에는 함께 티타임도 가질 수 있고.

A : 와, 정말 좋은 제안이야! 이번 주말 기대할게. 새로운 것도 배우고 스트레스도 줄일 수 있을 것 같아."

B : 정말 좋을 거야. 서로를 위한 시간이 될 거야. 그리고 너도 알다시피, 새로운 경험은 항상 우리를 더 성장하게 해주니까.

싸우지 않고 다투지 않는 인간관계

인간관계에서 서로 배우고 가르치는 것은 개인의 성장뿐만 아니라 관계의 발전에도 중요합니다. 이 과정에서 우리는 타인의 관점을 이해하고, 서로의 강점을 인정하며, 새로운 것을 배울 준비가 되어 있어야 합니다. 이를 통해, 우리는 서로에게 긍정적인 영향을 주며, 더욱 의미 있는 관계를 구축할 수 있습니다.

자신감 높이기

서로의 성취를 축하하고 자신감을 북돋우는 과정은 인간관계에서 긍정적인 에너지를 촉진하고, 개인의 성장을 지원합니다. 이런 과정은 상대방의 노력을 인식하고 그 가치를 인정함으로써, 서로 간의 신뢰와 존중을 높입니다. 성취를 축하하는 것은 단순히 성공한 결과물에만 초점을 두는 것이 아니라, 그 과정에서 보여준 노력과 개선을 치하하는 것을 포함합니다. 이를 통해 서로에 대한 긍정적인 평가와 자신감이 상승하며, 향후 도전에 대한 동기 부여가 됩니다. 또한, 서로의 성과를 축하하면서 생기는 긍정적인 분위기는 창의적인 아이디어와 협력의 기회를 더 많이 만들어낼 수 있습니다.

싸우지 않고 다투지 않는 인간관계

◇◇◇

A : 야, 최근에 그 프로젝트를 성공적으로 마친 거 들었어. 정말 대단

하다고 생각해!

B : 아, 정말? 고마워. 사실 중간에 좀 버겁기도 했었는데, 너의 조언이

큰 힘이 됐어.

A : 내가 도움이 됐다니 기분 좋네. 네가 그렇게 어려움을 이겨내고 성

과를 낼 수 있었다니, 더욱 값진 성취인 것 같아.

B : 맞아, 네 말대로야. 그리고 앞으로도 계속 서로 도와가면서 좋은

결과를 만들어보자고.

A : 물론이지! 우리 같이라면 어떤 어려움도 극복할 수 있을 거야. 앞으

로 또 어떤 프로젝트든, 언제든지 함께 해보자고.

B : 그래, 너와 함께라면 더 많은 성공을 이룰 수 있을 것 같아. 서로 의

지하며 나아가자!

이 과정에서 중요한 것은 상대방의 성취뿐만 아니라, 그 과정에서
겪은 어려움과 그것을 극복하기 위한 노력까지도 함께 인정하는 것
입니다. 이런 접근은 서로 간의 이해도를 높이고, 더 깊은 연결감을
형성하는 데 도움이 됩니다. 성취의 축하는 구체적이고 진실한 피드

백을 통해 이루어져야 하며, 이는 상대방이 자신의 성취를 더 가치 있게 여기는 데 이바지합니다. 또한, 이런 과정은 서로를 격려하고 지지하는 문화를 형성하는 데 중요한 역할을 합니다.

자신감을 높이는 방법

방 법	설 명
긍정적인 자기 대화	부정적인 생각이 들 때마다 긍정적인 말로 바꿔서 자신에게 말하기
작은 성공 축하하기	작은 목표를 세우고, 이를 달성했을 때 스스로를 칭찬하고 축하하기
새로운 것에 도전하기	평소 하지 않던 새로운 활동이나 취미에 도전해 보며 자신감을 키우기
몸짓과 자세 개선하기	어깨를 펴고 고개를 들어 자신감 있는 태도를 유지하기
성공 사례 기록하기	과거에 성공했던 경험들을 기록하고, 필요할 때마다 이를 상기하기
긍정적인 사람과 시간 보내기	자신을 긍정적으로 바라보고 지지해 주는 사람들과 시간을 많이 보내기
목표를 구체적으로 설정하기	달성 가능하고 구체적인 목표를 세우고, 이를 단계적으로 실행하기
스트레스 관리하기	운동이나 명상과 같은 방법으로 정신적, 신체적 스트레스를 관리하기
자신의 강점 인식하기	자신이 잘하는 것과 강점을 인식하고 이를 적극적으로 활용하기
비교를 줄이기	다른 사람과 자신을 비교하는 것을 줄이고, 자신의 길을 걷기

싸우지 않고 다투지 않는 인간관계

성공적인 팀워크와 협력

조직의 성과와 개인의 성장 모두에 있어 핵심적인 요소입니다. 이를 위해서는 몇 가지 중요한 원칙을 이해하고 실천하는 것이 필요합니다.

첫째, 명확한 목표와 비전의 공유는 팀워크의 기반이 됩니다. 팀원 모두가 같은 방향을 향해 나아가기 위해서는 달성하고자 하는 목표가 무엇인지, 그리고 그 목표를 통해 달성하고자 하는 비전이 무엇인지 명확히 이해하고 공유하는 것이 중요합니다.

둘째, 역할과 책임의 분명한 분배도 필수적입니다. 각 팀원이 자신의 역할을 정확히 이해하고, 그에 따른 책임을 수행할 때 팀은 더욱 효율적으로 작동할 수 있습니다. 이는 중복 작업의 방지와 효율성 증대에 이바지합니다.

셋째, 상호 존중과 신뢰 구축이 필요합니다. 팀원 간의 상호 존중은 협력적인 분위기를 조성하는 데 중요하며, 이는 신뢰의 기반을 마련합니다. 신뢰는 팀원들이 서로에게 의존하고, 위험을 감수하며, 혁신적인 아이디어를 공유할 수 있는 환경을 조성합니다.

넷째, 효과적인 소통은 팀워크의 핵심입니다. 이는 단순히 정보의 전달만을 의미하는 것이 아니라, 팀원들 간의 의견 교환, 피드백의 제공 및 수용, 그리고 갈등 해결을 포함합니다. 효과적인 소통은 오해를 줄이고, 목표 달성을 위한 공동 작업을 촉진합니다.

마지막으로, 지속적인 피드백과 평가는 팀워크와 협력을 강화합니다. 이는 팀의 성과를 모니터링하고, 필요한 조정을 식별하며, 개인과 팀 모두에 대한 성장 기회를 제공합니다.

성공적인 팀워크와 협력을 위해서는 위와 같은 원칙들이 서로 긴밀하게 작용하여, 조직의 목표 달성을 위한 강력한 기반을 마련해야 합니다.

지은이 **백미르**

IT 및 일반 회사에서 다양한 경력을 쌓았다. 글쓰기에 대한 열정을 가지고 있으며, 여가 시간에는 책 읽기와 여행을 통해 영감을 얻는다. 경제, 자기계발, 인문, 심리학 등에 깊은 관심을 가지고 있으며, 책을 통해 삶의 변화와 개인적인 성장을 추구한다. 출간한 책으로는 ≪성공한 사람들의 20가지 시간관리 습관≫, ≪돈의 흐름을 포착하라≫, ≪하루 10분 인생수업≫ 등이 있다.

다온길블로그 https://blog.naver.com/daongil23

마음을 열어주는 이해의 힘
싸우지 않고 다투지 않는 인간관계

초판 1쇄 발행 2024년 6월 10일

지은이 백미르
펴낸이 백광석
펴낸곳 다온길

출판등록 2018년 10월 23일 제2018-000064호
전자우편 baik73@gmail.com

ISBN 979-11-6508-570-4 (13320)